Prologue

YOLO

1度きりの人生だもん
自分の人生を記録しないと♡

YOU
ONLY
LIVE
ONCE➡

思い出の写真は残してる？
自分の人生を記録したノートはある？
自分がしてきたこと、その時感じたことをメモしてる？
人生を記録することで、前向きになれるし、成長した自分を
実感出来る!!
メモと同時に、写真も残さなきゃねん♡
僕はノートと SNS に残してるんだ〜
ブログにインスタグラムにツイッター。
タレントだから SNS をしているわけではない。
自分の人生の形跡を残すため……　自分のための SNS。

そして僕は 1 年の始まりに、近い将来の目標を書くようにしている。
夢と目標は頭で思っているより、書く方が絶対に叶う！
僕が 2015 年に書いた目標は

・LA で撮影する　　　　　　　　・とにかく TV にたくさん出る！！
・とにかく売れたい　　　　　　　・CM に出たい
・本を出したい　　　　　　　　　・雑誌の表紙
・海外にたくさん行く　　　　　　・FENDI のバッグをいっぱい買う
・○○マンションに引っ越しをする　・人に可愛がられる
・イメチェンしてもっとかっこ可愛くなる。 etc...

本当に小さいことから、叶わないかもな？って思う大きな夢まで
とにかくたくさん。
そして、叶った目標は消していく。消えていくと自分に自信が出てくる。
消せていなかったら、もっと頑張らなきゃって思う。
そして、毎日の出来事をメモする。どんな些細なことでもいい。
〈好きな人とメールできた。〉〈家族とケンカした。〉〈仕事の上司
に褒められた。〉とか、なんでもいいの。
自分の人生を見返す"メモ"を残すべき！

さぁ、僕が書き溜めた言葉の横に、キミの 365 日のメモを残して。
きっと将来、このノートは人生の宝物になってるたん♡

Wish Happiness be always with you.

To Do List

まずは目標を決めるたん♡

Finished ✓

#1 _____ ☐

#2 _____ ☐

#3 _____ ☐

#4 _____ ☐

#5 _____ ☐

#6 _____ ☐

#7 _____ ☐

#8 _____ ☐

#9 Genderless Modelとして 世界で"お仕事をするコト♡ ☐

#10 _____ ☐

#11 _____ ☐

#12 _____ ☐

#13 _____ ☐

#14 _____ ☐

#15 _____ ☐

小さな目標でいい

その小さな目標が

人生をハッピーにする

Contents

悩んだときはボクのコトバを探して♡

16-69
LIFE

70-82
HAPPY

99-123
LOVE

124-141
FUTURE

142-155
FRIEND

156-163
FAMILY

164-173
FREE NOTES

My Happy Journal

BY GENKING

人生をメモするたん♡
1年後が楽しみやねん(笑)

何で自分だけが……

そう思う時もあるけど、
天気と同じじゃん。
雨は濡れる人と、濡れない人がいる。
虹は見れる人と、見れない人がいる。
人生もそんなもん。
幸せになれる人と、なれない人がいる。

I think...

date.　年　月　日（　）

❝ 何より大事なのって
自分が望んだように生きて、
楽しんで、
幸せを感じることだよねん♡ ❞

I think...

date.　　年　　月　　日（　）

I think...

date.　　年　　月　　日（　）

I think...

date.　　年　　月　　日（　）

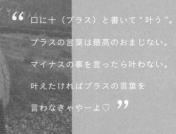

❝ 口に＋（プラス）と書いて"叶う"。
プラスの言葉は最高のおまじない。
マイナスの事を言ったら叶わない。
叶えたければプラスの言葉を
言わなきゃやーよ♡ ❞

I think...

date. 年 月 日( )

叶うまで諦めない
断られても、断られても
"やっぱり向いてないのかな……"
なんて1ミリも考えないで
何度も同じ所に行けば道は開ける
いつだって諦めるのは自分。

LIFE

HAPPY

LOVE

FUTURE

FRIEND

FAMILY

NOTES

I think...

date. 年　月　日（　）

I think...

date. 年　月　日（　）

I think...

date. 年　月　日（　）

I think...

date. 年　月　日（　）

人の幸せそうな顔を見ると

何故か嫉妬して

悲しそうな顔を見ると

何故か安心してた。

ふと気をゆるめたら

今も人の幸せをねたんじゃうんだろう。

そんな自分が凄く嫌で、憎い。

"妬み" や "恨み" なんて感情

なければいいのに。

LIFE | HAPPY | LOVE | FUTURE | FRIEND | FAMILY | NOTES

嬉しいとき
やーよ♥のひと言で幸せを実感。
悲しいとき
やーよ♥のひと言で悲しみを押し殺す。
ムカつくとき
やーよ♥のひと言で気持ちを踏ん張らせる。

"やーよ♥"は魔法の言葉

I think...
....

date. 年 月 日（ ）

I think...
....

date. 年 月 日（ ）

LIFE | HAPPY | LOVE | FUTURE | FRIEND | FAMILY | NOTES

コンタクトを外して、
ボヤける視界が
心地良い時もある。
きっと、
色々なことに疲れてるのかな？

I think...

date.　年　月　日（　）

I think...

date.　年　月　日（　）

I think...

date.　年　月　日（.　）

なんか、パッとしない日...
そんな日は 早く寝よっと zzz

I think...

date.　年　月　日（　）

I think...

date.　年　月　日（　）

I think...

date　.　.　.（　）

I think...

date.　年　月　日（　）

I think...

date.　年　月　日（　）

I think...

date.　年　月　日（　）

LIFE | HAPPY | LOVE | FUTURE | FRIEND | FAMILY | NOTES

I think...

date.　　年　　月　　日（　）

I think...

date.　　年　　月　　日（　）

I think...

date.　　年　　月　　日（　）

I think...

date.　　年　　月　　日（　）

I think...

date.　　年　　月　　日（　）

心では思ってるのに

口に出せない事ってない？

それが一番の本音。

いつもは心の中で止めてる本音

たまには吐き出してみると

人生変わるかもたん♡

落ち込んだ時は、とりあえず寝よ♡

起きたら新しい人生になってるよ。

それでもダメならまた寝る♡

最後は寝るのに飽きて、起き上がるからねん♡

I think...

I think...

date. 年 月 日 ( )

date. 年 月 日 ( )

I think...

I think...

date. 年 月 日 ( )

date. 年 月 日 ( )

I think...

I think...

date. 年 月 日 ( )

date. 年 月 日 ( )

I think...

I think...

date. 年 月 日 ( )

date. 年 月 日 ( )

ミーハーでいいじゃん？
それって、好奇心があるってこと。
でもその好奇心を継続すること。
継続は力なり♡

I think...

date.　年　月　日（　）

I think...

date.　年　月　日（　）

I think...

date. 年 月 日（ ）

I think...

date. 年 月 日（ ）

I think...

date. 年 月 日（ ）

I think...

date. 年 月 日（ ）

I think...

date. 年 月 日（ ）

失敗したって良いじゃん　後悔したって良いじゃん　そうやって人は成長するよ

そんなに落ち込まないで
人生なるようになるって♥
鏡みて、一回笑ってみてたん♥♥

I think...
....
....
date. 　年　月　日（　）

I think...
....
....
date. 　年　月　日（　）

本には沢山の
ヒントがあるよね。
だから、本は
沢山読むべき。

LIFE | HAPPY | LOVE | FUTURE | FRIEND | FAMILY | NOTES

I think...

date. 年 月 日 ( )

I think...

date. 年 月 日 ( )

I think...

date. 年 月 日 ( )

海、空、山。
素敵な景色は人々を癒し、何も見返りを求めていない。
そんな人に僕もなりたいな。

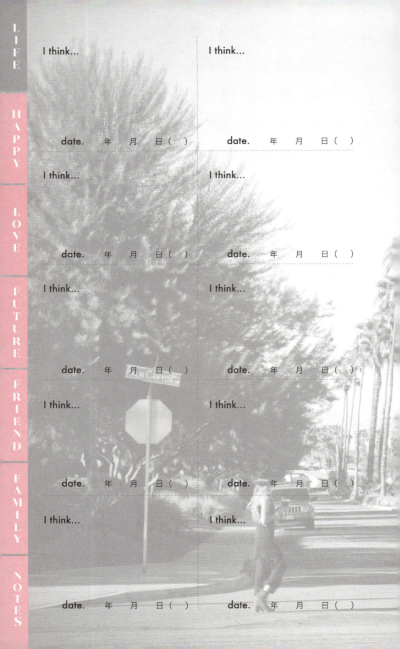

I think...	I think...
date. 年 月 日( )	date. 年 月 日( )
I think...	I think...
date. 年 月 日( )	date. 年 月 日( )
I think...	I think...
date. 年 月 日( )	date. 年 月 日( )
I think...	I think...
date. 年 月 日( )	date. 年 月 日( )
I think...	I think...
date. 年 月 日( )	date. 年 月 日( )

LIFE HAPPY LOVE FUTURE FRIEND FAMILY NOTES

周りが変わるんじゃない
いつだって自分が変わるのよん

周りが変わるのを待つより
自分が変わるカが

I think...

date. 年　　月　　日（　）

I think...

date. 年　　月　　日（　）

I think...

date. 年　　月　　日（　）

I think...

date. 年　　月　　日（　）

I think...

date. 年　　月　　日（　）

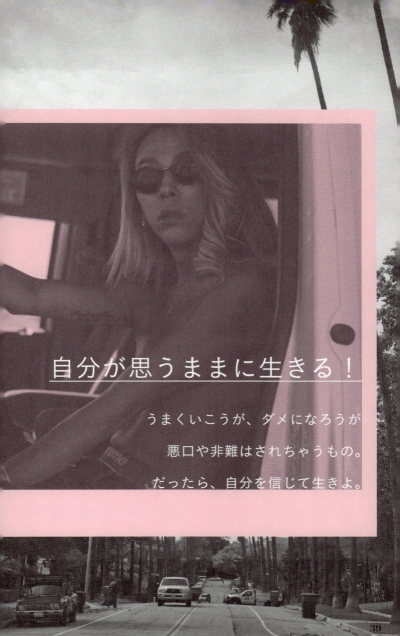

自分が思うままに生きる！

うまくいこうが、ダメになろうが
悪口や非難はされちゃうもの。
だったら、自分を信じて生きよ。

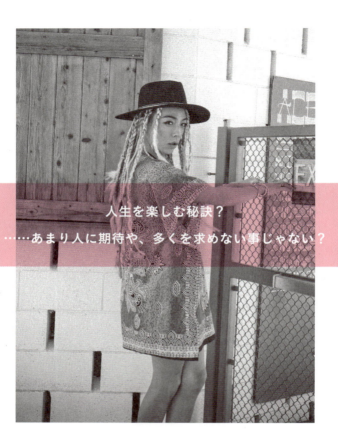

人生を楽しむ秘訣？

……あまり人に期待や、多くを求めない事じゃない？

I think...

date. 　年　月　日（　）

I think...

date. 　年　月　日（　）

人からのアドバイスってアドバイスに過ぎない。
結局自分が経験しなきゃ意味ない。

I think...

date.　年　月　日（　）

I think...

date.　年　月　日（　）

LIFE
HAPPY
LOVE
FUTURE
FRIEND
FAMILY
NOTES

I think...

date. 年 月 日 （ ）

I think...

date. 年 月 日 （ ）

I think...

date. 年 月 日 （ ）

I think...

date. 年 月 日 （ ）

I think...

date. 年 月 日 （ ）

I think...

date. 年 月 日 （ ）

I think...

date. 年 月 日 （ ）

I think...

date. 年 月 日 （ ）

君は正しさを貫き通せる？

沢山泣いて、広い世界が見えたよ

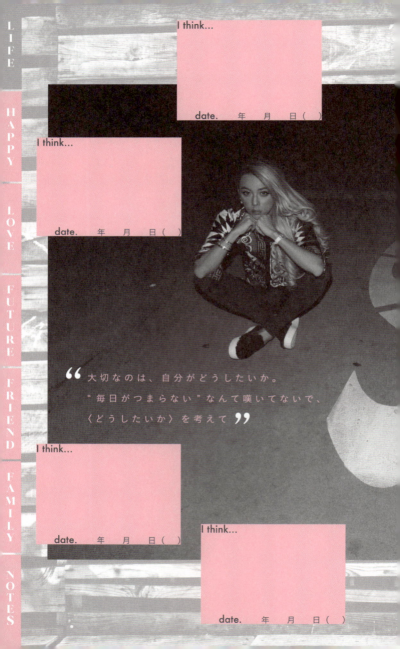

> 大切なのは、自分がどうしたいか。
> "毎日がつまらない"なんて嘆いてないで、
> 〈どうしたいか〉を考えて

I think...

date.　年　月　日（　）

I think...

date.　年　月　日（　）

**❝ 人 を 見 る と き 、
自 分 よ り 目 下 の 人 へ の
対 応 を 見 る と 、
そ の 人 の 本 質 が
よ く 分 か る 気 が す る ❞**

I think...

date.　年　月　日（　）

I think...

date.　年　月　日（　）

LIFE

HAPPY

LOVE

FUTURE

FRIEND

FAMILY

NOTES

I think...

date. 年　　月　　日（　）

I think...

date. 年　　月　　日（　）

I think...

date. 年　　月　　日（　）

I think...

date. 年　　月　　日（　）

I think...

date. 年　　月　　日（　）

I think...

date. 年　　月　　日（　）

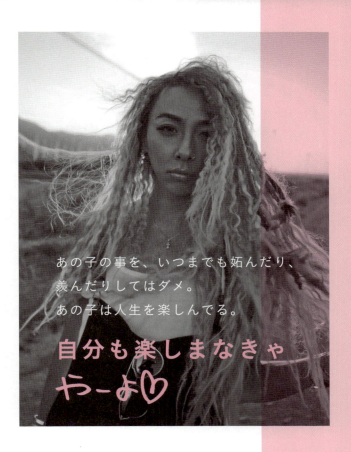

あの子の事を、いつまでも妬んだり、
羨んだりしてはダメ。
あの子は人生を楽しんでる。
自分も楽しまなきゃ
やーょ♡

I think...

....

date. 年 月 日（ ）

I think...

....

date . . .( )

LIFE | HAPPY | LOVE | FUTURE | FRIEND | FAMILY | NOTES

僕が変わったんじゃない。

I think...

date.　年　月　日（　）

時代が変わってきてるんだよ

I think...

date.　年　月　日（　）

LIFE

HAPPY

LOVE

FUTURE

FRIEND

FAMILY

NOTES

I think...

I think...

date. 年 月 日 ( )

date. 年 月 日 ( )

I think...

date. 年 月 日 ( )

I think...

I think...

date. 年 月 日 ( )

date. 年 月 日 ( )

I think...

date. 年 月 日 ( )

"頑張りすぎないでね!"

そんな言葉を良く言われるけど、

今頑張らないでいつ頑張るの?

"頑張れ!"って

言葉が欲しい

I think...

date.   年   月   日（ ）

I think...

date. 年 月 日（ ）

僕は病気が憎い。
だって、悲しい事しかないもん。
"気付かされる事がある" なんて、きれいごとだよ。
悲しいよ。憎いよ。

LIFE

HAPPY

LOVE

FUTURE

FRIEND

FAMILY

NOTES

例えばさ、100万貯めようとするでしょ？
1日100円、365日 36,500円、10年 365,000円
やっぱり何事もコツコツが大事。

I think...

....

....

date. 年 月 日（ ）

心って風船に似てる。
風船って空気の入れ方で大きくも小さくもなるでしょ。
空気を入れる程、破れやすい。
針で刺されたら破裂だってする。

I think...

....

....

date. 年 月 日（ ）

きみがきっと仲間のような優しい性格でも、
他人からの悪口からは避けられない。
人間社会だもん、しょうがない。

I think...

date. 年 月 日( )

貧乏ってやだな。
そんな事を思ってた時代
その時代に得たものが、今のすべてに生かされてる
そう思うと、貧乏も不幸ではない。

I think...

date. 年 月 日( )

恥ずかしい仕事なんてひとつもない!!
その仕事が大切な心の為になるなら"
それは世間が"美しい仕事"という事になる。

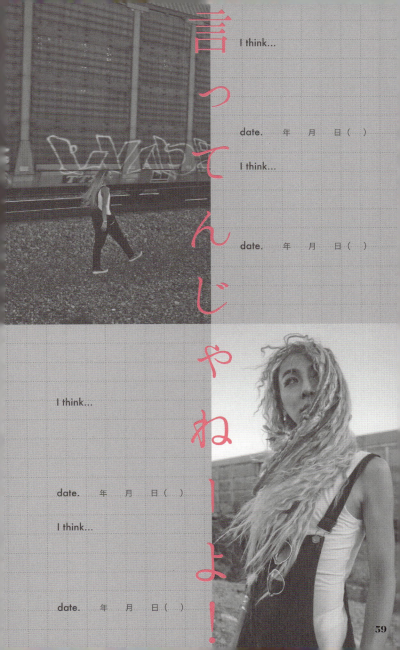

言ってんじゃねーよ！

I think...

date. 年 月 日（ ）

I think...

date. 年 月 日（ ）

I think...

date. 年 月 日（ ）

I think...

date. 年 月 日（ ）

I think...

date. 年 月 日 ( )

人から言われて
気にしてた頃
今は、本気で
やってるから
人　から　の
意見なんて

どうでも
良くなっ
てきた。

I think...

date.　年　月　日（　）

I think...

date. 年 月 日 ( )

I think...

date. 年 月 日 ( )

I think...

date. 年 月 日 ( )

I think...

date. 年 月 日 ( )

I think...

date. 年 月 日 ( )

I think...

date. 年 月 日 ( )

I think...

date. 年 月 日 ( )

LIFE

HAPPY | LOVE | FUTURE | FRIEND | FAMILY | NOTES

人ってさ、手に入れた瞬間に
冷めたりするよね？
女も男も高価な品も…

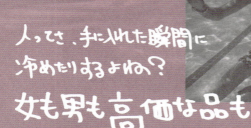

I think...

date.　年　月　日（　）

I think...

date.　年　月　日（　）

I think...

date.　年　月　日（　）

I think...

date. 年 月 日 ( )

I think...

date. 年 月 日 ( )

I think...

date. 年 月 日 ( )

I think...

date. 年 月 日 ( )

I think...

date. 年 月 日 ( )

I think...

date. 年 月 日 ( )

I think...

date. 年 月 日 ( )

I think...

date. 年 月 日 ( )

> みんなどこか孤独を感じて、
> それでも人生頑張ってる！

I think…

date.　　年　月　日（　）

I think...

date.　年　月　日（　）

ダメな時はダメでいいじゃん

LIFE
HAPPY
LOVE
FUTURE
FRIEND
FAMILY
NOTES

I think...

....

....

....

....

date. 年 月 日（ ）

"そんな日もあるよ。

けどね、雲の上はいつも晴れ"

笑顔になれる
笑顔にさせる
笑顔にされる

笑顔って誰も嫌な
気持ちにさせないよね。
だから常に
ハッピースマイルを
忘れずにね。

LOVEラブハッピー
スマイルぴっぴ

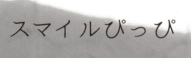

I think...

I think...

    date.   年   月   日（ ）   date.   年   月   日（ ）

I think...

I think...

    date.   年   月   日（ ）   date.   年   月   日（ ）

I think...

I think...

    date.   年   月   日（ ）   date.   年   月   日（ ）

I think...

I think...

    date.   年   月   日（ ）   date.   年   月   日（ ）

L I F E	
H A P P Y	I think...
	date. 年 月 日 ( )
L O V E	I think...
	date. 年 月 日 ( )
F U T U R E	I think...
F R I E N D	
	date. 年 月 日 ( )
F A M I L Y	I think...
N O T E S	date. 年 月 日 ( )

＋の文字は、一から書き始める マイナスな事があっても、**必ずプラスに変わる時がくるよ**

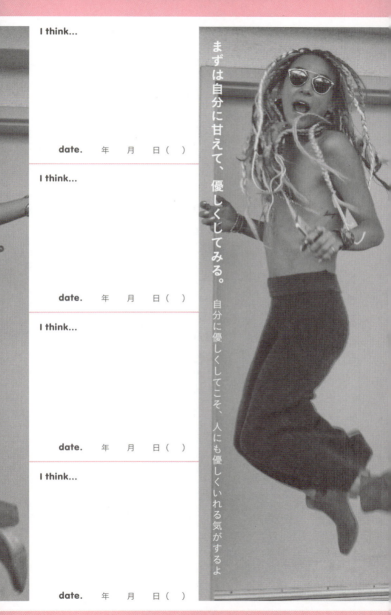

まずは自分に甘えて、優しくしてみる。自分に優しくしてこそ、人にも優しくいれる気がするよ

I think...

date. 年 月 日（ ）

I think...

date. 年 月 日（ ）

I think...

date. 年 月 日（ ）

I think...

date. 年 月 日（ ）

| LIFE | HAPPY | LOVE | FUTURE | FRIEND | FAMILY | NOTES |

I think...

date. 　年 　月 　日（ 　）

I think...

date. 　年 　月 　日（ 　）

地位や名声やお金じゃ
HAPPYになれない。
心が寂しい時に求めるものは
そんなんじゃないでしょ？

I think...

date. 　年 　月 　日（ 　）

I think...

date. 　年 　月 　日（ 　）

I think...

date. 年 月 日（ ）

I think...

date. 年 月 日（ ）

人の幸せ？

自分が幸せになれなきゃ願えない。

だから

自分を一番幸せにしなきゃ

I think...

date. 年 月 日（ ）

I think...

date. 年 月 日（ ）

新しい今日、新しい明日

新しい明後日……。

毎日が新しい1日。

それって最高のHAPPY。

だって、毎日が新しいんだもん。

何度だってやり直せるんだよ

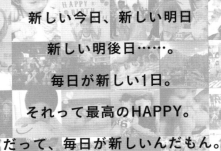

凧揚げって
風が強くないと高く上がらないし
横風だと上手く飛ばせないし
風がないと上がらない。
けどね、最高な日もある。
凧が上がった日は最高に楽しいよね。

人生も一緒。
いろいろなタイミングが合わないと
最高な瞬間は来ない

I think...

date. 年 月 日（ ）

I think...

date. 年 月 日（ ）

I think...

date. 年 月 日（ ）

I think...

date. 年 月 日（ ）

LIFE｜HAPPY｜LOVE｜FUTURE｜FRIEND｜FAMILY｜NOTES

I think...

date. 年　　月　　日（　）

I think...

date. 年　　月　　日（　）

I think...

date. 年　　月　　日（　）

I think...

date. 年　　月　　日（　）

| LIFE | HAPPY | LOVE | FUTURE | FRIEND | FAMILY | NOTES |

I think...

date. 　年　　月　　日（　）

I think...

date. 　年　　月　　日（　）

自分がされて嬉しいって感じたことは
まわりにもしてみて。
まわりがHAPPYだと、またHAPPY返しがくるたん。

HAPPY ⇌ HAPPY

I think...

date. 　年　　月　　日（　）

I think...

date. 　年　　月　　日（　）

I think...

I think...

date. 年　月　日（　）

date. 年　月　日（　）

I think...

I think...

date. 年　月　日（　）

date. 年　月　日（　）

I think...

I think...

date. 年　月　日（　）

date. 年　月　日（　）

I think...

date. 年　　月　　日（　）

I think...

date. 年　　月　　日（　）

楽しい事があった日は、眠れなくない？
それは夢より幸せに感じているから。
きゃー♡♡♡

No doubt you'll be Happy

簡単に手に入ったものって

なくなりやすいよね...

恋も友達もお金も...

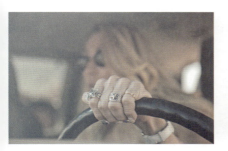

人に何を言われても進まなきゃ
BIGになれないよね (笑)

負けてたまるか...

LOVE

僕は勇気を出してみた。
そうしたら
キミの優しさが待ってましたん。
優しくされたら、あとは
倍返しするだけだね♡

I think...

date.　　年　月　日（　）

LIFE HAPPY **LOVE** FUTURE FRIEND FAMILY NOTES

自分の事を一番可愛がらなきゃ♡
自分が可哀想でしょ？

I think...   I think...

date. 年 月 日（ ）   date. 年 月 日（ ）

家族、友達、恋人
愛がある生活が
僕にとって大前提

I think...

date.　　年　　月　　日（　）

I think...

date.　　年　　月　　日（　）

I think...

date.　　年　　月　　日（　）

I think...

date.　　年　　月　　日（　）

見つめ合うんじゃなく、
同じ方向を見てたいな

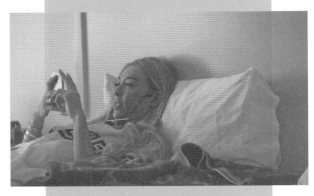

好きな人から
のメールって
テンアゲぴっぴ♡
どんな高価な
ブランド品より
僕にとっては
最高の贈り物だよ

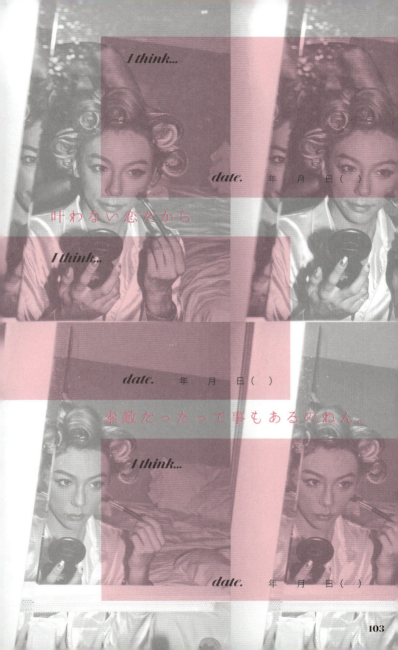

スキすぎやーよ

思ってもない事を口に出しては後悔の繰り返し。本当はもっと素直になりたいよ本当は大好きだよん！

自分をOPENにする事が幸せへの近道

LIFE | HAPPY | LOVE | FUTURE | FRIEND | FAMILY | NOTES

愛する人はいる?
誰かに愛されてる?
愛し、愛され、愛に溢れたいと思ってる?

I think...　　　　　**I think...**

date. 　年　月　日（　）　　**date.** 　年　月　日（　）

I think...

I think...

date.　年　　月　　日（　）　　date.　年　　月　　日（　）

I think...

I think...

date.　年　　月　　日（　）　　date.　年　　月　　日（　）

I think...

僕は一瞬にして
キミに
惹かれたんだよ。
初めて会った時、
キミはどうだった？

date.　年　　月　　日（　）

I think...

I think...

date.　年　　月　　日（　）　　date.　年　　月　　日（　）

I think...

date.　年　月　日（　）

家族、友達、恋人。
愛がある生活が
僕にとって大前提。

I think...

date.　年　月　日（　）

なんで優しく
できなかったんだろう？
なんで素直に
なれなかったんだろう？

そんな事を思う時点で、
君は素直で優しい人

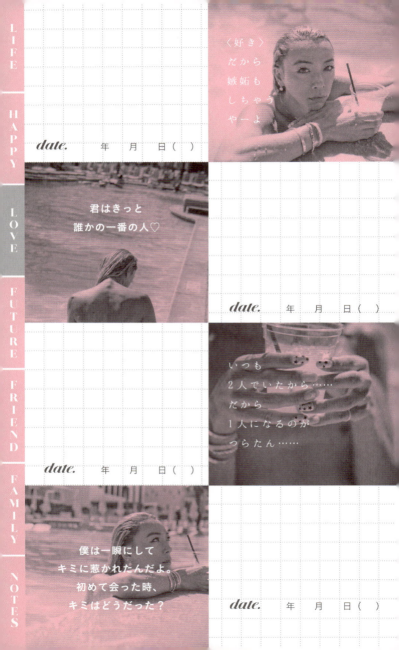

別れは
意味があると思うんだ
僕にとっても
相手にとっても。
また会った時は笑顔で
昔話をしようね！

date. 　年　　月　　日（　）

恋に泣けたら
恋に笑える日が
きっとくるよ♡

date. 　年　　月　　日（　）

居なくなってから気付く。
どうしてあの時
気付かなかったんだろう……
けど、
僕達は運命だったよね？

date. 　年　　月　　日（　）

99%無理だと感じても
1%は期待している
僕がいる。

date. 　年　　月　　日（　）

111

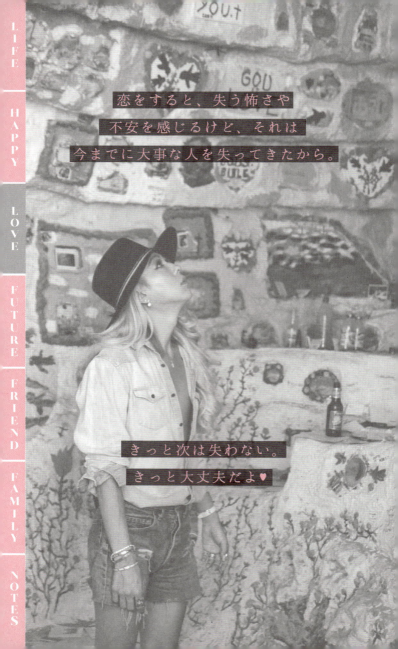

I miss you I miss you
I miss you I miss you
I miss you I miss you
I miss you I miss you
I miss you I miss you
I miss you I miss you
I miss you I miss you
I miss you I miss you
I miss you I miss you
I miss you I miss you

LIFE	
HAPPY	
LOVE	
FUTURE	
FRIEND	
FAMILY	
NOTES	

I think...

date.　　年　　月　　日（　）

I think...

date.　　年　　月　　日（　）

I think...

date.　　年　　月　　日（　）

I think...

date.　　年　　月　　日（　）

" 伝えたいけど
伝えられない気持ちこそが
本当の気持ち… "

I think...

date.　　年　　月　　日（　）

" たまには、
初めて会った瞬間を
心の中で
思い出してほしい。 "

キャマたんの人生。
生まれ変わったら、
男女の恋愛をして、
子供を産んでみたいな。

LIFE | HAPPY | LOVE | FUTURE | FRIEND | FAMILY | NOTES

I think...

date. 年 月 日 ( )

きみに出会えて幸せ
世の中数え切れない人が
いるんだもん。
君に出会えた事は奇跡♡

I think...

_____

_____

_____

_____

date.　年　月　日（　）

〈既読してるのに……〉
誰かから LINE が来るたびに
期待しては落ち込む日々。
雑なメールで良いから
繋がってたいよ……
絵文字1つでいい、
返事がほしい。

I think...

date. 　年　　月　　日（　）

I think...

I think...

date. 　年　　月　　日（　）

date. 　年　　月　　日（　）

I think...

I think...

date. 　年　　月　　日（　）

date. 　年　　月　　日（　）

I think...

今は自分が1番スキ
早く自分より好きに
なれる人を探さなきゃwww

I think...

date. 　年　　月　　日（　）

date. 　年　　月　　日（　）

I think...

I think...

date. 　年　　月　　日（　）

date. 　年　　月　　日（　）

I think...   I think...

date.　年　月　日（　）　date.　年　月　日（　）

I think...

date.　年　月　日（　）

I think...   I think...

date.　年　月　日（　）　date.　年　月　日（　）

本当の優しさ。
それは、純粋に
何かしてあげたい
そんな単純な
気持ちこそ本物。
そして、
受け入れてあげる
と同時に、時に
突き放す事も
優しさだったり
するよね？

I think...

date.　年　月　日（　）

I think...

date.　年　月　日（　）

LIFE | HAPPY | LOVE | FUTURE | FRIEND | FAMILY | NOTES

男や女を好きになる前に
人を好きになるということ。
近くの人を大切にするということ。

#LOVE

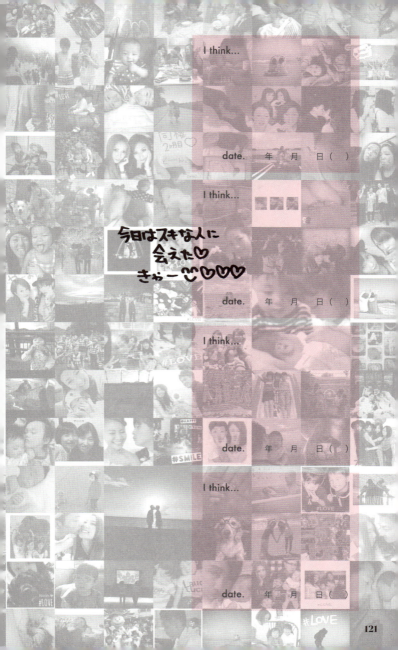

3月3日

8年付き合った

彼との記念日

8年分の思い出と想いと……

今は別々の道だけど、

無駄な時間なんて

1つもなかったよ。

ありがとう

"成長したい！
　成長したい!!
　成長したい!!!"

でも成長するには、勇気がいる。
その勇気を出す？　出さない？

I think...

date.　年　月　日（　）

I think...

date. 年 月 日 ( )

I think...

date. 年 月 日 ( )

I think...

date. 年 月 日 ( )

I think...				夢や理想が叶わないからって
date.	年	月	日（ ）	諦めるのはまだ早い。
I think...				僕だって、10代に夢みた芸能界に
date.	年	月	日（ ）	今、やっと入れたんだから。
I think...				タイミングはいつ来るか分からない
date.	年	月	日（ ）	今年かもしれないし
I think...				10年後かもしれない。
date.	年	月	日（ ）	ずっと諦めない事が大事。

人生はキラメンコパーク
キラキラ輝いたもん勝ち♥

死ぬ時に〈あの時あーしとけば良かったな〉って
後悔することが一番嫌だもん！
お天国にはハッピースマイルで行きたいたん♡

" いつだって
きっかけは自分で作る ,,

2015 年 3 月 1 日
TVデビュー＆カミングアウトをした日……
収録当日までずっとずっと悩んで、
登場の舞台袖に居るのに
引き返すかどうが悩んでいた。

でも勇気を振り絞って、
自分自身をカミングアウト。
この日から僕の人生は変わった。

人生っていきなり180 度変わるんだね。

この日を思い出すと、今でも鳥肌がたつよ。

そして、自分を変えた自分に
すごかったねって褒めたい。

I think...

date: 年 月 日( )

I think...

date: 年 月 日( )

死んだら、進みたくても進めない

あの時こうしておけばって

思う時があるけど、

今が過去に戻れる一番近い時。

そう思うと、

今やろうって思わない？

次が来るなんて思ってたらやーよ

今しかないぴっぴビームだすよん。

I think...

date. 年 月 日（ ）

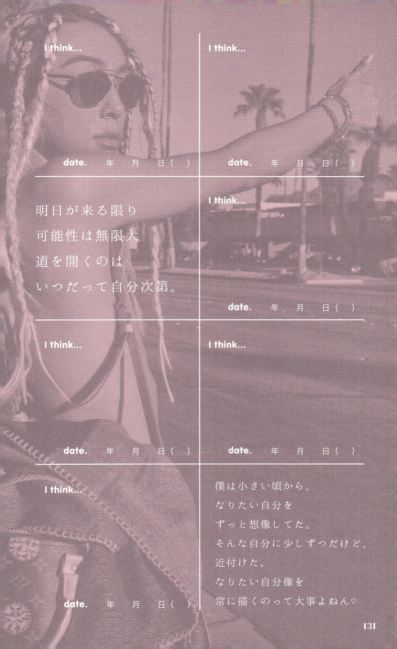

明日が来る限り
可能性は無限大
道を開くのは
いつだって自分次第。

僕は小さい頃から、
なりたい自分を
ずっと想像してた。
そんな自分に少しずつだけど、
近付けた。
なりたい自分像を
常に描くのって大事よねん♡

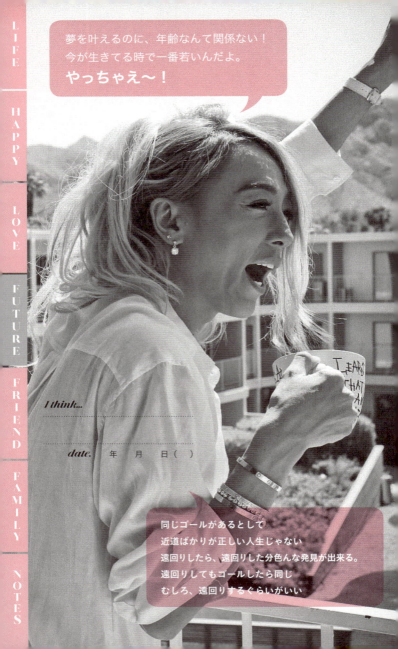

I think...	*I think...*
date.　年　月　日（　）	*date.*　年　月　日（　）

I think...

date.　年　月　日（　）

夢が見つけられない人へ
夢は創るもの
人生も自分も創るもの

結果も大事

けど、その結果を出す為に

どうするか

ってのが

大事だと思わない？

I think...

date. 年 月 日( )

I think...

date. 年 月 日( )

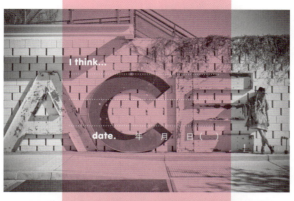

I think...

date. 年 月 日（ ）

夢は叶う
叶えた先は、発見がたくさん。
先に何があるか知りたいなら
今、行動しなきゃやーよ♡

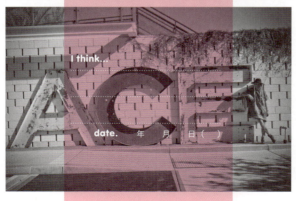

I think...

date. 年 月 日（ ）

LIFE / HAPPY / LOVE / FUTURE / FRIEND / FAMILY / NOTES

すごくツラいこともあったよね？
けど、そのツラさを知恵に変えよう。
次のツラさにぶつかった時に
自然と打開策が生まれるから

I think...

date.　　年　　月　　日（　）

自分がまわりに気を遣うほど
まわりは自分に気を遣ってないし
みんな自分の人生を大切にしてる。
過度な気遣いって、意味ないたん。

I think...

date.　　年　　月　　日（　）

I think...

date.　　年　　月　　日（　）

自分がやりたいこと
正しいって思うことをしたいな
だってやってもやらなくても、
邪魔する人がいるし
応援してくれる人もいるんだもん

I think...

date.　　年　　月　　日（　）

今、好きな事
今、好きな人
今、夢中な事

今のそれを大切にね。

時間は限られてる。
だから人の人生の為に
無駄に過ごしたくない。
自分の人生を生きなきゃ！
自分がどうなりたいか
分かってるでしょ！？

I think...

date.　　年　　月　　日（　）

I think...

date.　　年　　月　　日（　）

決断する瞬間に運命が決まる

I think...

date. 年 月 日 ( )

I think...

date. 年 月 日 ( )

大丈夫
いつか必ず越えられる日が来る
あなたの前には
道がたくさんあるよ

I think...

date. 年 月 日 ( )

LIFE HAPPY LOVE FUTURE FRIEND FAMILY NOTES

I think...

date. 年 月 日（ ）

I think...

date. 年 月 日（ ）

I think...

date. 年 月 日（ ）

I think...

date. 年 月 日（ ）

I think...

date. 年 月 日（ ）

I think...

date. 年 月 日（ ）

失敗して、
立ち直って、
また失敗して

失敗する度に、
成長する自分に気付くよ。
失敗は成長する。

そう思うと、
失敗も怖くないよね。

やっちゃえ♡

カミングアウトする前は、
人に受け入れてほしかった。

カミングアウトしてからは、
人に受け入れて欲しいなんて考えなくなった。

自分にしか歩けない道がある
狭い道も暗い道も明るい道もね

過去から学び、今を生き、未来をつくる。

失敗から学んだらさ

それは

失敗じゃなくない？

成長してるじゃん

まわりに何を言われたってよい
全て自分で決めたこと

I think...

date. 年 月 日( )

僕には
大好きな友達がいる。

受け入れてくれる友達がいる。
ひとりふたりだけど、数じゃない。
深さだよ

I think...

....

....

date. 年 月 日（ ）

" 誰も信じない "

そんな事を思っても、また誰かを信じようとしてる。

けどさ、信じなきゃ何も始まらない。

だからこの新しい友達を、信じてみよう

I think...

....

....

date. 年 月 日（ ）

I think...

....

....

date. 年 月 日（ ）

I think...

....

....

date. 年 月 日（ ）

END

恋人との関係は強くも弱くもなるけど
友達の関係は強くなる一方

答えなんかとっくに出てる。
友達に相談するのは、背中を押して欲しいだけ

I think...
date. 年 月 日( )
I think...
date. 年 月 日( )
I think...
date. 年 月 日( )

君のそばに笑顔が溢れますよ〜に♡

I think...

date. 　年　　月　　日（　）

I think...

date. 　年　　月　　日（　）

I think...

date. 　年　　月　　日（　）

I think...

やっぱり友達っていいなぁ♡
みんなに会うと元気でるよ♡

date. 　年　　月　　日（　）

人から悪口を言われたり
嫌な事をされる経験ってあるでしょ？
けど、必ず言った本人も同じ事をされる。

因果応報、カルマの法則

友情や恋愛で、相手に裏切られたら、こう思って。
——君は、自分を大事に思ってくれない子を失った。
——相手は、大事に思ってくれる子を失った

#FRIEND

I think...

date. 年 月 日( )

I think...

date. 年 月 日( )

I think...

date. 年 月 日( )

I think...

date. 年 月 日( )

I think...

date. 年 月 日（ ）

I think...

date. 年 月 日（ ）

I think...

date. 年 月 日（ ）

I think...

date. 年 月 日（ ）

強い方の
味方なんでしょ!?
都合悪くなったら
また寄ってきたりさ。

やーよ！

1人になり、孤独を感じ
友達の大切さを知り
親の大きさを知る

友達も、恋人も、仕事関係の人も
離れる人は離れるし、上手くいく人とは上手くいく。
100人いて100人と
うまくやらなくていいと思わない？

I think...

....

....

date. 　年　　月　　日（　）

I think...

....

....

date. 　年　　月　　日（　）

一緒に泣いた時に、どれだけお互いの事を
大事に思ってるかが分かる気がする

149

隠さなくていい。
もっと素直になって。
君の弱さを
友達は気付いてるから

I think...	I think... くだらない会話で笑ってる時ほど 幸せを感じてるって ×××
date. 年 月 日( )	date. 年 月 日( )
I think...	I think...
date. 年 月 日( )	date. 年 月 日( )

優しさは伝染するよ♡
だから、僕は
優しさをくれる君と
いるんだよ♡

ひとりがいい時もあれば、寂しい時もある。
そんな寂しい時に一緒にいてくれる友達に感謝よねん♡

| LIFE | HAPPY | LOVE | FUTURE | FRIEND | FAMILY | NOTES |

I think...　　　　　　　　I think...

date.　年　月　日（　）　date.　年　月　日（　）

裏切られた事をどうこう言うより
信じた自分を誇らしく思ってね。

人付き合いは腹7分目位がちょうど良い気がする。
親友の君といるときだけ満腹に♡

I think...　　　　　　　　I think...

date.　年　月　日（　）　date.　年　月　日（　）

約束は守るためにあるんだよ！

I think...

date. 年　　月　　日（　）

I think...

date. 年　　月　　日（　）

" 愛情より友情
友情が無ければ、結婚も祝福されないし
離婚したら誰もいないよ。
友情は愛情より崩れにくい "

I think...

date. 年　　月　　日（　）

I think...

date. 年　　月　　日（　）

家族も友達も恋人も、いい距離感が

I think...

....

....

date. 　年　　月　　日（　）

I think...

....

....

date. 　年　　月　　日（　）

I think...

....

....

date. 　年　　月　　日（　）

I think...

....

....

date. 　年　　月　　日（　）

優しくされて
嫌な気持ちになる人は
いないよね？

近くにいる人こそ
優しく、優しく
優しくねん♡

**ハッピースマイルを
あ〜げる〜♡**

保てなくなると、うまくいかなくなる

君に出会えて幸せたん。
世の中数え切れない人がいるんだもん。
君に出会えた事は奇跡たん

LIFE | HAPPY | LOVE | FUTURE | FRIEND | FAMILY | NOTES

I think...

date. 年 月 日 ( )

I think...

date. 年 月 日 ( )

I think...

date. 年 月 日 ( )

FAM

ママへ

朝も昼も夜も僕の為に働き
中学を通わせてくれた事
今も忘れないよ。
貧乏した過去も今じゃ良い思い出だね。

ILY

LIFE HAPPY LOVE FUTURE FRIEND FAMILY NOTES

I think...

date. 年 月 日 ( )

I think...

date. 年 月 日 ( )

少しの距離感　少しの無関心　少しのケンカ
家族に大事なのは〈少しの間〉

I think...

date. 年 月 日 ( )

I think...

date. 年 月 日 ( )

I think...

貧しい家庭で育つことは
裕福な家庭で育つ以上に
得るものがある。
子供にモノを与えすぎてはダメ。
感情を与えるのが、
良い育て方。

date. 年 月 日 ( )

I think...

date. 年 月 日( )

I think...

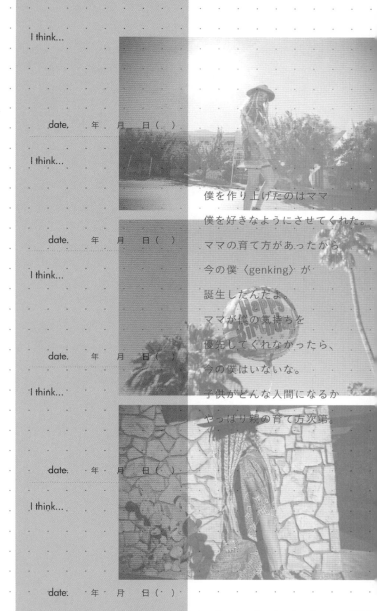

僕を作り上げたのはママ
僕を好きなようにさせてくれた。
ママの育て方があったから
今の僕〈genking〉が
誕生したんだよ。
ママが僕の気持ちを
優先してくれなかったら、
今の僕はいないな。
子供がどんな人間になるか
やっぱり親の育て方次第。

date. 年 月 日( )

I think...

date. 年 月 日( )

I think...

date. 年 月 日( )

I think...

date. 年 月 日( )

家族にもっと沢山の愛があったら
世の中の悲しい事件やいじめはもう少し減ると思う。
そんな世の中はこないね。

I think...

            date.   年   月   日（ ）

I think...   *I think...*

 date.   年   月   日（ ）   *date.*   年   月   日（ ）

I think...

....
....

date. 年 月 日（ ）

I think...

....
....

date. 年 月 日（ ）

家族ってあるんじゃなくて、つくるもの。
家族がないなら、つくればいい。
愛情深い、素敵な家庭を

I think...

....
....

date. 年 月 日（ ）

I think...

....
....

date. 年 月 日（ ）

I think...

....
....

date. 年 月 日（ ）

いつか家族が持てるなら、
北斗晶さん一家が理想だな。
あんな家庭を持ちたい。

だってきっと幸せだから。

Notes

LIFE

HAPPY

LOVE

FUTURE

FRIEND

FAMILY

NOTES

LIFE | HAPPY | LOVE | FUTURE | FRIEND | FAMILY | NOTES

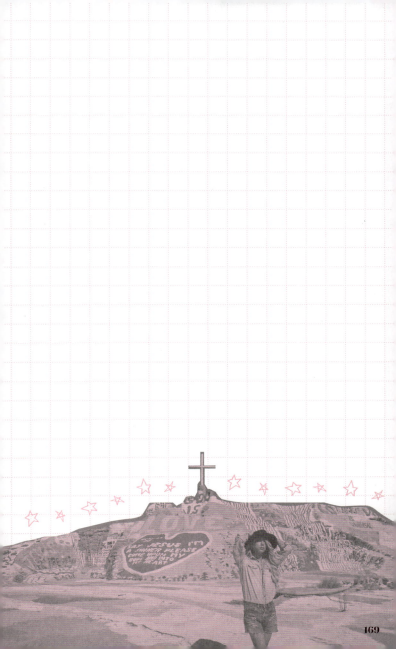

人生の宝物♡

Wish Happiness be always with you.

Profile

GENKING ゲンキング

世界でユーザーが4億人を突破した人気の写真共有
SNS「instagram/インスタグラム」で、謎の美男子
として話題となり、2015年芸能界デビュー。性別
に囚われないノージェンダーな"ニューキャマたん
タレント"として数々の番組に出演中。

GENKING Official SNS
◎ @_genking_   🐦 @officialgenking   📓 ameblo.jp/genking-official/

Staff

Photography	217..NINA
Styling	GENKING
Hair&Makeup	Jungen Iwamoto
Edit	Kaori Fukada
Design	Shoko Fujimoto, Mizuki Amano, Makiko Ohyama, Akiko Miyasaka, Fuyuko Manome
Thanks	Haruna Yokota, Go Sakakura

GENKING 幸せノート365日
-My Happy Journal-

2016年1月27日　第1刷発行

著者	GENKING
発行者	戸川貴詞
発行所	カエルム株式会社
	〒150-0042　東京都渋谷区宇田川町14-13 宇田川町ビルディング8F
	TEL 03-5457-3551（編集・営業）　FAX 03-5457-3552（ご注文）
	sales@caelum-jp.com（ご注文）　caelum-jp.com
印刷・製本	株式会社 八紘美術

©CAELUM
ISBN978-4-908024-09-2 C0095 Printed in Japan

※落丁本・乱調本は小社販売部宛にお送りください。お取り替えします。
※本書の一部、または全部の無断複写・複製は法律で定められた範囲を除いて禁じられています。